VORWORT
IHRE FUSSBALL FIBEL

» Liebe Kinder- und Jugendtrainer,

mit dem starken und durchweg positiven Feedback zu unserer ersten „FUSSBALL FIBEL - Fußball lernen durch Fußball spielen" und dem häufigen Wunsch der Seminarteilnehmer nach Spielen für große Trainingsgruppen, brachten wir erneut unsere Praxiserfahrung zu Papier.

Wir sind der sportlichen, praktischen Aufmachung und Gestaltung treu geblieben. Die realitätsnahe Darstellung durch die dreidimensionalen Grafiken erleichtert Ihnen das Umsetzen auf dem Platz. Mit einem Blick erkennen Sie den Materialeinsatz und die Position der Spieler.

Der Theorieteil gibt Ihnen einen ersten Überblick über die Zielgruppe der Kinder im Fußballtraining. Kinder, die sich geschickt und schnell bewegen, lernen Techniken wie das Dribbling und Passen leichter. In vielen der „kleinen Spiele" lernen die Kinder Lauffinten und das richtige Timing. Diese Grundlagen sind entscheidend, um später schnellen und überraschenden Fußball zu spielen.

In über 200 Trainer- und Lehrerfortbildungen haben wir die „kleinen Spiele" erprobt und verbessert. Die Spielformen sorgen mit ihren Variationen für neue Herausforderungen, viel Abwechslung und schaffen unzählige Erfolgserlebnisse für glückliche, strahlende Kinderaugen.

» Sie sind der Trainer! Nutzen Sie die Chance und bauen Sie die „Kleinen Fußball Spiele" in Ihr Training ein!

Die Verwendung nur eines grammatischen Geschlechts bei Trainer- und Gruppenbezeichnungen wurde im Hinblick auf den Lesefluss gewählt. Sie stellt keine Meinungsäußerung zur Geschlechterrolle dar.

INHALT
THEORIE

» Info: Passend zur Fussball Fibel gibt es auf unserer Webseite **fussball-fibel.info** und unserer Fanpage **facebook.com/fussballfibel** viele Eindrücke aus unseren Trainerseminaren. Mit kurzen Gastbeiträgen, Fotos und Videos versuchen wir, Sie als Trainer zu unterstützen. Mehr Informationen zum Seminarangebot finden Sie auf Seite 87.

INHALT
PRAXIS

EINLEITUNG
KLEINE FUSSBALL-SPIELE

»In vielen Trainingsstunden steht Üben von Technik und Taktik auf dem Programm. Aber gerade im Kinderfußball müssen und wollen die Kinder spielen. In dieser FUSSBALL FIBEL steht das Spielen im Mittelpunkt und die vielen Anregungen sorgen für spannende und herausfordernde Trainingseinheiten.

Schon Friedrich Schiller schreibt in seinen Briefen *Über die ästhetische Erziehung des Menschen:* „Der Mensch spielt nur, wo er in voller Bedeutung des Wortes Mensch ist, und er ist nur da ganz Mensch, wo er spielt."

Johan Huizinga beschreibt in seinem Buch, *Homo ludens. Vom Ursprung der Kultur im Spiel,* den Menschen in seinem Verhalten als spielendes Wesen.

»Wichtig: **Das gilt ganz besonders für Kinder. Für sie ist das Spiel keine Spielerei, sondern grundlegend für ihre menschliche Entwicklung.**

»Armin Krenz sagt in seinem Aufsatz *Kinder spielen sich ins Leben – Der Zusammenhang von Spiel- und Schulfähigkeit*: „So wundert es nicht, wenn Spielforscher davon ausgehen, dass Kinder bis zum vollendeten sechsten Lebensjahr ca. 15.000 Stunden spielen (müssen!).
Das sind ca. 7 – 8 Stunden pro Tag!"

»In diesem Band wollen wir „kleine Spiele" vorstellen, die man im Fußballtraining für Kinder einsetzt. In der Praxis sind alle Spiele erprobt und haben schon zu vielen leuchtenden Kinderaugen geführt. Sie gewährleisten neben dem Spaß im Training auch eine motorische-ganzheitliche Ausbildung der Kinder mit den Ballspielvarianten, die es zu jedem Spiel gibt.

Für alle Spiele gilt grundsätzlich:

Regeln müssen ständig an die Spiel- und Leistungsfähigkeit der Kinder angepasst werden!

»Dabei ist der beobachtende Spielleiter (Trainer) gefordert aber auch die Spieler sollten Veränderungsvorschläge machen. Die Erfahrung in der Praxis zeigt, dass die spielenden Kinder so gute Ideen haben, dass die Spielfreude oft erheblich gesteigert wird.

Wer die Ideen der Kinder aufnimmt, sich auf eine spannende Reise in ihre Phantasiewelt einlässt, wird viele wichtige Lernmomente schaffen und erleben. Dabei sind häufig die ruhigen, beobachtenden Kinder wichtige Ideengeber.

Achten Sie darauf, dass alle Kinder einmal wichtige Spielpositionen einnehmen. Das entwickelt Verantwortungsbewusstsein und die Rücksichtnahme auf andere Kinder.

THEORIE
FÖRDERUNG DURCH SPIELEN

» Kinder im Alter der Minikicker bis D-Junioren sind noch sehr **Ich-** und **Personenbezogen**.

Sie wollen den Eltern, Großeltern, Lehrern und Trainern persönlich zeigen, was sie schon alles können. Deshalb ist es so wichtig, dass die Bezugspersonen immer wieder auch die kleinsten Entwicklungs- und Leistungsfortschritte positiv und durch persönliche Ansprache, verstärken.

Lob ist der Treibstoff der kindlichen Entwicklung!

Im Spiel entwickeln sich Kinder in allen vier Kompetenzbereichen:

im sozialen Bereich

Kooperationsbereitschaft, Freundschaftspflege, Zuhören – Können bei Gesprächen, Regelakzeptanz, Wahrnehmung von Regelverstößen, Verantwortung übernehmen, in eine Gruppe integrieren, ihre eigene Meinung vertreten

» Wichtig: **Mannschaftsgeist müssen Kinder erst langsam lernen!**

Leben Sie faires Verhalten vor! Kinder übernehmen von Ihnen viele Verhaltensmuster. Dazu gehört auch ein respektvoller Umgang mit dem gegnerischen Trainer!

im emotionalen Bereich

Erkennen, Erleben und Verarbeiten von Gefühlen; Verarbeiten von Enttäuschungen und Versagen; geringere Aggressionsbereitschaft; Stärkung der Belastbarkeit; Steigerung der Ausdauer; ausgewogeneres Verhältnis der Grundgefühle: Angst, Freude, Trauer, Wut

im kognitiven Bereich

sinnverbundenes Denken (logisches Denken), Konzentrationsfähigkeit, Wahrnehmungsfähigkeit

im motorischen Bereich

Differenzierung der Grob- und Feinmotorik, Reaktionsfähigkeit, Koordination zur Absichtssteuerung

» Wichtig: **Kinder müssen und wollen spielen!**

Ein zu frühes „richtiges Lernen" von Kondition, Technik und Taktik in isolierten Übungsformen, nimmt den Kindern viele Entwicklungsmöglichkeiten und die Freude an der sportlichen Betätigung.

» Wichtig: **Kinder sind keine kleinen Erwachsenen!**

THEORIE
PHANTASIEWELT DER KINDER

Bilder schaffen - Geschichten erzählen

» Kinder sind in „ihrer Welt“ und brauchen Bilder und Geschichten, die sie kennen und in denen sie sich wiederfinden. Erst eine in ihrer Sprache vorgetragene Geschichte können sie annehmen. Was ist bei Ihren Kindern gerade angesagt? Piraten, Dinosaurier oder Cowboys? Bauen Sie diese Welten geschickt in die Geschichten mit ein. Der Spaß der Kinder steigt augenblicklich, wenn sie als Piraten ein gegnerisches Feld entern dürfen.

Geschichten füllen ein Spiel mit Leben.

» In Geschichten verpackt lassen sich Regeln oft leichter verstehen und ein Spiel erklären. Die Einleitung im Verkehrsspiel (S.26): **„ACHTUNG! Zusammenstöße mit dem Gegenverkehr können lebensgefährlich sein!“**, ist spannender und herausfordernder als: „Versucht keine Gegenspieler zu berühren!“. Für Kinder ist das Denken in Bildern einfacher und oftmals völlig klar, z.B. „stampfen wie Elefanten“ und „schleichen wie Mäuse“. Als guter Geschichtenerzähler kann der Trainer einen Spannungsbogen beim Erklären aufbauen, dadurch die Aufmerksamkeit der Kinder gewinnen und Neugier für das Spiel wecken.

Viele Dinge lassen sich als Geschichte erzählt leichter merken.

Spannungsbogen

» In einer Geschichte sollten zu Beginn die Akteure vorgestellt werden, z.B. Piraten, Kapitäne und Matrosen. Dann wird die Umgebung erklärt, z.B. welche Hütchen Schiffe und welche die Schatzinsel sind. Am Ende kommt das Ziel, z.B. viele Schätze (Bälle) auf das eigene Schiff bringen.
Die Kinder lauschen dem Erstellen der Phantasiewelt und können mit der Bekanntgabe des Ziels sofort verstehen, welche Rolle sie spielen und was von ihnen verlangt wird.

Kindersprache

» Eine Geschichte erzählt sich am besten in kurzen Sätzen. Erwachsene und gerade Kinder können gesprochene Sätze mit mehr als 8 Wörtern schwer verstehen und behalten.

Kinder verstehen viele Wörter der Erwachsenensprache noch nicht.

» Eine Geschichte muss beim Empfänger ankommen und sollte deshalb in **einfache Worte** gefasst werden. „Den Ball erobern" ist leichter verstanden, als „das Tor verhindern, zu verteidigen oder defensiver zu spielen".

Menschen fällt es schwer, eine Anweisung oder Erklärung zu verstehen, in der viele Negationen vorkommen. Der Satz: „Lass dich nicht ausspielen!" wird von unserem Gehirn anders aufgenommen und verarbeitet als: „Den Ball hast Du!". Im ersten Beispiel wird das „nicht" überhört und es entsteht ein Bild vom Ausspielen, im zweiten Beispiel entsteht das Bild vom eroberten Ball. Dieses Bild setzt unser Gehirn in eine aktive Handlung um.

THEORIE
7 KOORDINATIVE FÄHIGKEITEN (NACH MEINEL / SCHNABEL 1998)

» Die wichtigsten koordinativen Fähigkeiten helfen dem Trainer bei der Technik- und Bewegungsschulung im Fußballtraining. Bis zum Längenwachstum in der C-Jugend kann jedes Kind verhältnismäßig leicht Fortschritte im koordinativen Bereich erzielen.

Jedes Spiel im Praxisteil schult die Bewegungsfähigkeit der Kinder.

1. Differenzierungsfähigkeit

Die Fähigkeit, Muskulatur entsprechend einer Aufgabe bewusst an- und entspannen.
» Beispiel: „Passen" - wie viel Kraft setzte ich ein?

2. Gleichgewichtsfähigkeit

Die Fähigkeit, das Körpergleichgewicht zu halten oder wiederherzustellen.
» Beispiel: „Schießen" - viele Minis und F-Jugendliche fallen beim Schießen um.
Diese Fähigkeit muss sich noch entwickeln.

3. Kopplungsfähigkeit

Die Fähigkeit, einzelne Teilbewegungen zu einem flüssigen Bewegungsablauf zusammenzufügen.
» Beispiel: „Ball An- und Mitnahme" - den Ball annehmen und in der Bewegung mitnehmen.

4. Orientierungsfähigkeit

Die Fähigkeit, die Lage des Körpers im Raum oder zu einem Gegenstand zu bestimmen.
» Beispiel: „Torschuss" - wie stehe ich zum Tor? Wo steht der Torwart? Von wo kommt das Zuspiel?

5. Reaktionsfähigkeit

Die Fähigkeit, auf einen bestimmten Reiz eine entsprechende Handlung einzuleiten.
» Beispiel: „Verteidigen" - der Gegenspieler legt sich den Ball zu weit vor, der Verteidiger reagiert und fängt ihn ab.

6. Rhythmusfähigkeit

Die Fähigkeit, einen eigenen Bewegungsrhythmus zu finden. Das Steuern der An- und Entspannung der eingesetzten Muskulatur.
» Beispiel: „Täuschen & Finten" - im passenden Abstand zum Gegner eine Finte durchführen und mit einem Tempodribbling vorbei starten.

7. Umstellungsfähigkeit

Die Fähigkeit, sich auf neue und unerwartete Gegebenheiten einzustellen.
» Beispiel: „Ballverlust oder Konter" - wie schnell ist die Verteidigung organisiert? Wird ein Konter schnell und direkt gespielt?

THEORIE
HINWEISE FÜR DEN TRAINER

» In den „Kleinen Spielen" sind viele Grundelemente des Fußballspiels „versteckt". Die Kinder üben spielerisch Grundelemente der Fußballtechnik sowie der Individual- und Mannschaftstaktik:

- » Schusstechnik
- » Dribbeln
- » Passen
- » Ballannahme und - mitnahme
- » Schneller Torabschluss
- » Beobachten des Gegners
- » Reaktion auf Handlungen des Gegners
- » Raumaufteilung, Verteilung der Kräfte
- » Verteilung von Aufgaben im Spiel
- » Übernahme nach Verantwortung
- » Regelwissen und Regelakzeptanz
- » Teamfähigkeit

» Die Verfeinerung der technischen Fertigkeiten sollte in gesonderten Übungsformen gelernt werden. Verbesserte technische Fähigkeiten, verbessern auch die Spielfähigkeit der „Kleinen Spiele".

» Wichtig: **Der Wettspielcharakter beeinträchtigt die Qualität der Bewegungsausführung!**

THEORIE
TRAINERVERHALTEN

Einführen von Regeln

» Kurze und einfache Grundregeln erleichtern den Einstieg und das Verstehen, damit das Spiel schnell startet. Sollte unfaires Verhalten erkennbar sein, werden klare Regeln genannt, die dieses unterbinden. Dabei kann das Spiel häufig weiterlaufen und muss nicht unterbrochen werden. Jede Unterbrechung mindert den Spieltrieb und die Freude der Kinder. In der Trinkpause können Sie mit den Kindern gemeinsam Variationen der Spiele entwickeln.

» Wichtig: **Die Ideen und Anregungen der Kinder sollten immer ausprobiert werden. Dadurch steigern Sie nochmal das Interesse der Kinder an Ihrem Training!**

Faires und deutliches Punktezählen

» Kinder sehen in jedem Spiel einen Wettkampf und möchten sich untereinander messen. Dabei sind 99% der Kinder ehrlich und häufig komplett auf sich selbst und die eigene Mannschaft fixiert. Für ein faires Verhalten der Kinder müssen Sie als Trainer die Punkte laut mitzählen. Zählen Sie die Punkte wie ein Fußballmoderator aus dem Fernsehen. Das steigert die Motivation der Kinder.

Emotionen zeigen

» Verhalten lernen die Kinder von den Menschen in ihrem Umfeld. Im Sport gehören Emotionen (z.B. Freude und Enttäuschung) dazu. Als Kindertrainer stellen Sie die Lebensweichen für Ihre Spieler und deshalb sollten Sie Emotionen zeigen, sich für das Spiel begeistern und mitfiebern. Denken Sie daran: Der positive Anteil sollte immer überwiegen. Am besten 8-mal Freuen, um sich einmal zu ärgern!

THEORIE
ORGANISATION DER KLEINEN SPIELE

Feldaufbau

» Die „Kleinen Spiele" lassen sich in der Halle und auf dem Feld mit wenig Material aufbauen. Nutzen Sie geschickt die Vorzüge der Halle wie z.B. Rückprallwände oder Matten. Auf dem Feld achten Sie darauf, dass die Abstände für Kinderbeine passend sind.

Hütchenwahl

» Wenn Sie ein Quadrat mit 4 Hütchen abstecken, dann sollten alle Hütchen dieselbe Farbe haben. Dadurch fällt den Kindern die Orientierung in Ihrem Spielfeld leichter und Sie können die Kinder gezielt in ein bestimmtes Quadrat schicken.

Planen, Planen, Planen

» Bevor das Training startet, sollten Sie sich überlegt haben:

- » Wie viel Material gebraucht wird?
- » Wie viel Platz zur Verfügung steht?
- » Wie regeln Sie die Spiele bei gerader/ungerader Spielerzahl?

» Wichtig: **Die Spiele im Praxisteil dieser Fibel lassen sich mit gerader und ungerader Spielerzahl umsetzen.**

THEORIE
EINTEILEN VON MANNSCHAFTEN

1. Variante - Der Trainer zählt ab

In einem Rhythmus von z.B. 1, 2, 1, 2 teilen Sie die Kinder in zwei Mannschaften ein. Hierbei merken die Kinder schnell, wie sie zu den Besseren ins Team kommen. Variieren Sie daher den Rhythmus.

2. Variante - Faire Teamwahl

Sie bestimmen 2 Kapitäne und diese wählen wie folgt:

Der erste Kapitän darf aus den verbleibenden Kindern zwei Teams zusammenstellen. Danach darf der zweite Kapitän sich ein Team aussuchen. Die Teams werden fast gleich stark sein, da der Einteilende sonst das deutlich schwächere bekäme.

Wenn Sie diese Variante vorstellen, brauchen die Kinder ein bisschen, um den Gedanken dahinter zu verstehen. Planen Sie daher ein wenig mehr Zeit ein und bleiben Sie entspannt. Die Kinder wissen oft sehr gut, wie stark ihre Mitspieler sind und können sehr faire Teams bilden.

Beide Teams mit Leibchen kenntlich machen.

» Im Winter werden häufig dunkel gekleidete Spieler auf dem Feld schlecht gesehen. Die Orientierung an einer hellen/leuchtenden Farbe erleichtert gerade den neuen Kindern im Team das Spielen.

THEORIE
BALLSPIELVERHALTEN

» Viele der Spiele im Praxisteil haben den Schwerpunkt „Dribbling", das heißt, den Ball geschickt mit beiden Füßen und in unterschiedliche Richtungen zu führen. Damit die Kinder später im Fußballspiel andere Techniken leichter lernen, sollten sie möglichst viel Zeit damit verbringen, sich eine gute Ballgeschicklichkeit anzueignen. Die Bälle dabei mit den Händen, Füßen und vielleicht auch mal dem Kopf zu spielen, ist eine wichtige Grundlage.

Diese Ballgeschicklichkeit zeichnet sich dadurch aus, dass die Kinder liegende, rollende und fliegende Bälle einschätzen und geschickt annehmen, dribbeln und weiterspielen können.

Zu jedem Spiel im Praxisteil gibt es 3 Varianten, den Ball zu spielen!

» Die Kreativität der Kinder entwickelt sich mit jedem neuen „Kunststück", das ihnen einfällt. Die Ideen, den Ball zu spielen, lassen sich ständig weiter ausbauen und auch vom Schwierigkeitsgrad steigern.

Diese Bewegungsmuster und Spielerfahrungen, werden nicht in den Beinen, sondern im Gehirn gespeichert. Deshalb sind kurze Trinkpausen wichtig, damit das Gehirn und Kreislauf mit genügend Wasser versorgt wird.

» Wichtig: **Bei jedem Wetter Trinkpausen einplanen!**

THEORIE
KORREKTUREN

»Die unterschiedlichen Dribbelspiele schulen die Ballgeschicklichkeit und entwickeln bei den Kindern Handlungsmuster für Spielsituationen. Die Kinder schaffen sich einen Erfahrungsschatz, auf den sie im Wettspiel zurückgreifen können und dadurch intuitiv spielen. Sie erkennen Situationen wieder, die sie schon einmal gelöst haben und können ähnlich handeln. Deshalb: Loben Sie eine gute Idee, auch wenn die Ausführung beim ersten Versuch noch nicht gelungen ist.

Korrigieren Sie positiv, anstatt nur die Fehler Ihrer Spieler zu betonen.

»**Den Ball kurz vorlegen,** um ihn möglichst oft zu berühren. Dadurch fällt die Ballkontrolle leichter und man kann anderen Spielern leichter ausweichen.

»**Den Körper zwischen Ball und Gegenspieler bringen,** um ihn möglichst gut zu schützen. Dem Gegenspieler fällt es schwer, den Ball zu erobern und man kann kurz hochschauen, wo die Mitspieler stehen.

»**Mit beiden Füßen dribbeln,** um den Ball bestmöglich zu kontrollieren. Man kann links oder rechts am Gegenspieler vorbei, da man mit beiden Füßen den Ball beherrscht.

»**Den Ball mit der Innen- und Außenseite spielen,** um schnell die Richtung zu ändern. Der Gegenspieler fällt leichter auf eine Finte herein, wenn man den Ball geschickt mit allen Fußteilen spielt.

Durch jedes Lob steigern Sie das Selbstvertrauen Ihrer Spieler!

THEORIE
DIE MOTIVATIONSKURVE

» In den ersten Durchgängen der „Kleinen Spiele" müssen sich die Kinder an den Ablauf des Spiels und die Einhaltung der Regeln gewöhnen. Sie werden häufig bei anderen Kindern das Verhalten abschauen und sich dadurch in das Spiel einfinden. (**1. Phase**)

Bei der Einführung eines Spiels ist ein Probedurchgang zu empfehlen!

» Nachdem die Regeln und die Spielidee verstanden wurden, sind in den nächsten Durchgängen die Kinder mit dem größten Ehrgeiz im Spiel. Sie möchten jedes Spiel gewinnen und fühlen sich herausgefordert. Der Spaß, die Motivation für das Spiel steigt mit jedem Durchgang an. Als Trainer erkennt man diese Stufe daran, dass fast alle Kinder „Fänger" sein möchten oder andere wichtige Positionen innerhalb des Spiels einnehmen wollen. (**2. Phase**)

Nach weiteren Durchgängen fällt die Motivation der Kinder wieder ab. Das Spiel bietet aktuell keine weiteren Höhepunkte und die einst spannenden Situationen werden routiniert durchgespielt.
Das Engagement der Kinder, z.B. „Fänger" zu sein, schwindet. (**3. Phase**)

Damit die Kinder das Spiel in guter Erinnerung behalten und beim nächsten Training mit derselben inneren Motivation spielen, sollten Sie als Trainer in der zweiten Phase - kurz vor dem Höhepunkt, das Spiel beenden.

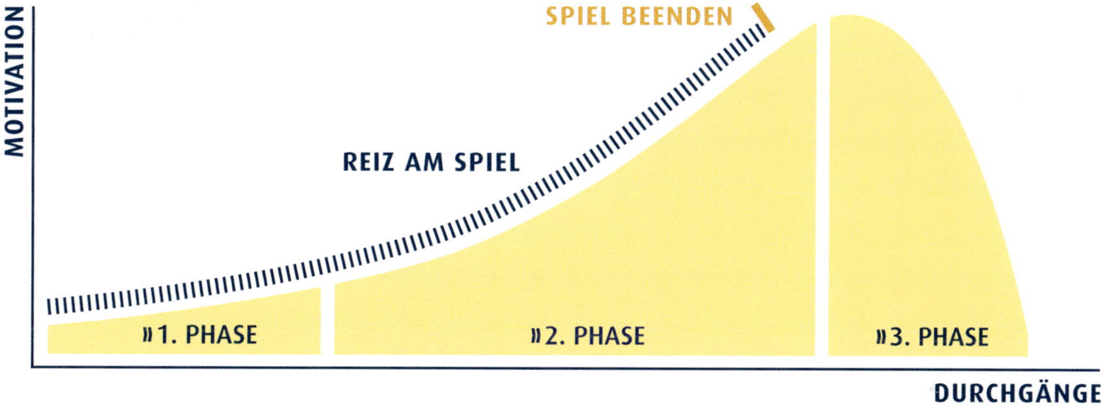

» In den ersten Trainingseinheiten ist es schwierig, den richtigen Zeitpunkt zu treffen, um ein Spiel zu beenden oder zu variieren. Probieren Sie die Spiele aus. Ihr Know-how wächst mit jedem Spiel und Durchgang!

» Wichtig: **Lieblingsspiele der Kinder öfter spielen!**

PRAXIS
EINLEITUNG

Legende zu den Grafiken

» In den Grafiken zu den Spielformen sind alle wichtigen Informationen (benötigte Materialien, Spielfeldbegrenzungen, Anzahl der Spieler, Mannschaftsstärken etc.) enthalten.

Ein Pass wird durch einen geraden Pfeil angezeigt. Der Ball wird am Ende des Pfeils beim Passempfänger transparent dargestellt.

Ein Dribbling wird mit einem geschwungenen Pfeil angezeigt. Der Spieler wird mit Ball am Ende des Pfeils transparent dargestellt.

Der Laufweg eines Spielers wird mit einem gestrichelten Pfeil angezeigt, an dessen Ende der Spieler ebenfalls transparent dargestellt ist.

» Die transparente Darstellung der Endsituation soll es dem Leser erleichtern, die Spielidee zu erkennen. Der Torerfolg ist häufig transparent dargestellt. Nehmen Sie die Fussball Fibel mit zum Training und zeigen Sie den Spielern den Aufbau. Sie sparen viel Erklärungszeit und können die Spieler länger Fußball spielen lassen. Ein Bild sagt mehr als tausend Worte.

PRAXIS
DRIBBEL-SAFARI

»Spielbeschreibung

Ziel ist es, die Ziellinie zu überqueren, ohne erwischt zu werden.

Schwerpunkt: ***Ballführung, Dribbling, Timing***

»Ein Spieler ohne Ball steht mit dem Rücken zum Spielfeldhinter einer Ziellinie. Er hält sich mit beiden Händen die Augen zu. Die übrigen Spieler stehen zu Beginn des Spiels mit dem Fuß auf dem Ball an der Startlinie.

Der Einzelspieler ist ein Detektiv, Polizist, Kommissar, Monster, ... und ruft: „Der Detektiv (...) kommt 1-2-3-, ... !" Dann dreht er sich schnell um, nimmt die Hände runter und versucht, die sich bewegenden Diebe, ... zu erwischen.

Die Diebe, ... dürfen sich solange mit dem Ball am Fuß vorwärtsbewegen, bis der Polizist, ... sich umgedreht hat. In diesem Moment müssen sie den Fuß wieder auf dem Ball haben und ruhig stehen.

Wird jemand erwischt, dass er den Fuß in dem Moment nicht auf dem Ball hat oder sich noch bewegt, muss er zur Startlinie zurück.

Wer als Erster die Ziellinie erreicht, ist der neue Polizist, ...

Variationen:

- Spielfeldlänge
- unterschiedliche Bälle
- Hütchendschungel im Feld

Ballspielvarianten:

- Dribbling mit dem Fuß
- zwischen den Fußseiten pendeln lassen
- mit der Hand vor dem Körper prellen

Notizen:

» ______________________

» ______________________

» ______________________

» ______________________

PRAXIS
VERKEHRSSPIEL

»Spielbeschreibung

Ziel ist es, schnell ins angezeigte Feld zu gelangen.

Schwerpunkt: ***Dribbling, Ballgeschicklichkeit, Wahrnehmung***

»Es werden 4 Mannschaften gebildet, die sich jeweils in einem Hütchen-Quadrat aufstellen. Ein Fuß ruht auf dem Ball. In der Mitte des Spielfeldes steht ein „Verkehrspolizist".

Der „Verkehrspolizist" zeigt auf zwei Mannschaften, die mit dem Ball am Fuß die Quadrate wechseln müssen. Bei Erreichen des Zielquadrats müssen alle Spieler wieder den Fuß auf dem Ball haben.

Der „Verkehrspolizist" vergibt **2 Punkte** an die Mannschaft, die als erste **komplett** das Ziel erreicht. Die zweite Mannschaft erhält noch **1 Punkt.** Die Mannschaften zählen die erreichten Punkte selbst. Fragen Sie nach ein paar Durchgängen den Punktestand ab. Dies steigert die Spannung im Spiel! Das Spiel ist beendet, wenn eine Mannschaft die vorher festgelegte Punktzahl erreicht hat.

»Achtung: **Zusammenstöße mit dem Gegenverkehr können lebensgefährlich sein!**

»Deshalb gibt es für das Berühren eines gegnerischen Balls **1 Strafpunkt.**
»Bei körperlichen Kollisionen gibt es je nach Schwere des Unfalls **2 bis 3 Strafpunkte.**

Tipp an die „Fahrer": In Deutschland herrscht Rechtsverkehr!

Variationen:
- Spielfeldgröße
- Breite der Quadrate
- Zum Einüben der Regeln als Laufspiel ohne Ball

Ballspielvarianten:
- Ball hochwerfen und fangen
- Ball hochwerfen, klatschen, fangen
- Ball mit der Fußsohle mitziehen

Notizen:
- ______
- ______
- ______
- ______

PRAXIS
HALTET DAS FELD FREI!

»Spielbeschreibung

Ziel ist es, die Bälle in die gegnerische Hälfte zu spielen.

Schwerpunkt: ***Passen, Innenseitstoß***

In der Halle

»Zwei Mannschaften halten ihre jeweilige Hallenhälfte frei. Beim Spielbeginn hat jedes Kind einen Ball. Der Ball darf mit den Händen gehalten und transportiert werden, muss aber vom Boden geschossen werden. Nach einer vorher festgelegten Zeit ist das Spiel beendet. Bälle, die 3 Sekunden nach Abpfiff noch geschossen werden, werden der schießenden Mannschaft zugerechnet.

Auf dem Feld

»Es wird ein Spielfeld abgegrenzt und in zwei Hälften geteilt. Jede Mannschaft erhält eine Hälfte und für jeden Spieler einen Ball. Die Spieler versuchen, möglichst viele Bälle in das Feld der gegnerischen Mannschaft zu schießen. Falls während des Spiels Bälle außerhalb des Spielfeldes landen, können diese wieder in das Spielfeld geholt und geschossen werden. Die Bälle, die sich nach Abpfiff außerhalb vom Spielfeld befinden, werden nicht gezählt. Werden Bälle 3 Sekunden nach Spielende geschossen, werden sie der Mannschaft des Schützen zugerechnet.

Soft- und Plastikbälle eigenen sich gut für Fußballanfänger!

Variationen:

- Ball wird nur mit dem Fuß gespielt
- Hindernisse in die Hallenmitte stellen
- lebende Stoppuhr (Trainer läuft einmal um das Feld)

Ballspielvarianten:

- Bälle werfen
- Bälle rückwärts durch die Beine werfen
- Bälle mit der Hacke rüberspielen

Notizen:

» ______________________
» ______________________
» ______________________
» ______________________

PRAXIS
FLUGBALL

» Spielbeschreibung

Ziel ist es, den Ball über eine Schnur in die gegnerische Hälfte zu schießen.

Schwerpunkt: ***Schießen, Raumaufteilung***

» Es wird ein Feld markiert und in zwei Hälften geteilt. In der Mitte ist eine Schnur gespannt. Die Höhe wird der Spielstärke der Kinder angepasst. Die Mannschaften bekommen je eine Spielhälfte zugeteilt.

Der Ball wird aus der Hand mit dem Fuß über die Schnur gespielt. Die gegnerische Mannschaft muss eine Bodenberührung verhindern und darf dabei den Ball fangen. Innerhalb der Mannschaft wird der Ball in der Luft beliebig oft mit dem Fuß zugespielt. Berührt der Spielball den Boden, wechselt der Ballbesitz.

Wird der Ball über die Schnur gespielt und berührt im gegnerischen Feld den Boden, erhält man **einen Punkt**. Berührt der Ball außerhalb des gegnerischen Spielfeldes den Boden, ohne dass er vorher von der abwehrenden Mannschaft berührt wurde, bekommt die verteidigende Mannschaft **einen Punkt**. Geht der Ball unter der Schnur durch oder berührt sie, dann bekommt die verteidigende Mannschaft ebenfalls **einen Punkt**. Die Mannschaft, welche den Punkt erhalten hat, darf den Ball wieder ins Spiel bringen. Das Spielende ist beim Erreichen einer vorher festgelegten Punktzahl.

Fußbälle sind für Kinderbeine schwer. Ein Plastik- oder Softball ist leicht!

Variationen:

- Feldgröße verändern
- Angabe hinter einer Linie
- Begrenzung der einmaligen Bodenberührungen

Ballspielvarianten:

- nur mit der Hand spielen und werfen
- abwechselnd Fuß/Hand
- nur mit der Fußinnenseite (links/rechts)

Notizen:

- __________
- __________
- __________
- __________

PRAXIS
TUNNELBALL

» Spielbeschreibung

Ziel ist es, den Ball unter der Schnur in die gegnerische Hälfte zu spielen.

Schwerpunkt: ***Zielstoß, Raumaufteilung***

» Ein Spielfeld wird mit Hütchen markiert. In der Mitte wird eine Schnur kniehoch gespannt und so das Spielfeld in zwei Hälften geteilt. In 1m Entfernung zur Schnur wird mit Hütchen in jeder Hälfte eine Torlinie markiert. Zwischen dieser Torlinie und der hinteren Grundlinie befinden sich jeweils die Kinder.

Der Ball wird vom Boden unter der Schnur und über die gegnerische Torlinie geschossen. Den Boden darf der Ball erst wieder hinter der gegnerischen Torlinie berühren. Die Gegner versuchen, dies zu verhindern. Die Hände dürfen dabei benutzt werden. Gelingt der „Torschuss", erhält die Mannschaft einen Punkt. Fängt ein Gegner den Ball, darf er den Ball vom Boden aus unter der Schnur und über die Torlinie spielen. Der Schütze darf die eigene Torlinie Richtung Schnur nicht übertreten. Er muss aus der eigenen Hälfte schießen. Bälle, die aus dem Feld gespielt werden, dürfen wieder hereingeholt werden. Fliegt der Ball aus dem Feld und hat zuvor nicht den Boden der gegnerischen Hälfte berührt, bekommt die Mannschaft für diesen Schuss keinen Punkt.

Das Spiel ist beendet, wenn eine zuvor festgelegte Punktzahl erreicht ist.
Kennen die Kinder das Spiel, können sie mit 2 Bällen spielen.

Variationen:
» Spielfeldgröße verändern
» Abstand der Torlinie zur Mittellinie verändern
» Abwehr wie ein Feldspieler

Ballspielvarianten:
» mit der Hacke spielen
» Ball fallen lassen und rüber spielen
» nach einem Zuspiel direkt rüber spielen

Notizen:
» __________
» __________
» __________
» __________

PRAXIS
BRENNBALL

»Spielbeschreibung

Ziel ist es, möglichst schnell ums Feld zu laufen.

Schwerpunkt: ***Schießen, Passen, Timing***

»Es werden zwei Mannschaften gebildet. Eine Mannschaft sind die **Läufer,** die andere die **Stopper.** Das Lauffeld wird durch sechs Hütchen markiert. In der Halle ist die gesamte Halle das Spielfeld – auf dem Feld wird zusätzlich zum Lauffeld ein Spielfeld markiert.

Der erste Läufer schießt den Ball ins Spielfeld und läuft **außen** um das Lauffeld herum. Die Stopper versuchen, durch Passen möglichst schnell ein Tor zu erzielen. Das Tor sollte sich in der Nähe der Grundlinie befinden. Mit dem Erzielen des Tores stoppt das Spiel. In diesem Moment muss der Läufer eine Hand am Hütchen haben (auch am letzten). Hat er dies nicht, ist er **verbrannt** und stellt sich punktlos am Start an. Mit dem Abstoß des nächsten Läufers startet das Spiel erneut. Jetzt kann auch der ersten Läufer seinen Weg fortsetzen. Verlässt der Ball nach dem Abstoß das Spielfeld, geht er in den Geräteraum oder auf die Tribüne, wird der Abstoß wiederholt.

Für das Erreichen eines Hütchens erhält der Läufer je 1 Punkt, insgesamt also 5 Punkte. Erreicht der Läufer das letzte Hütchen in einem Zug, bekommt er die doppelte Punktzahl – also 10 Punkte. Läufer, die das Zielhütchen erreichen, stellen sich wieder zum Abstoß an. Die Aufgaben wechseln, wenn kein Läufer mehr zum Abstoß bereit steht oder wenn eine vorher festgelegte Zeit abgelaufen ist. In diesem Fall bekommen die Läufer für jeden Spieler zusätzlich die am Hütchen erreichte Punktzahl.

Variationen:

- rückwärts ums Feld laufen
- Hindernisse in die Hallenmitte stellen
- Stopper starten das Spiel und erzielen durch schnelles Passen ein Tor am gegenüberliegenden Ende des Spielfeldes

Ballspielvarianten:

- per Dropkick ins Feld spielen
- Ball darf auch mit der Hand gespielt werden
- rückwärts durch die Beine ins Feld werfen

Notizen:

- ____________________
- ____________________
- ____________________

PRAXIS
VÖLKERBALL

» Spielbeschreibung

Ziel ist es, die gegnerischen Innenspieler durch gezielte Schüsse vom Boden aus abzutreffen.

Schwerpunkt: ***Schießen, Fangen, Handlungsschnelligkeit***

» Es werden zwei Mannschaften gebildet, die jeweils ein Innenfeld und ein gegenüberliegendes Außenfeld haben. Zu Beginn des Spiels befinden sich die Kinder in ihrem Innenfeld – außer je einem „König", der das eigene Außenfeld besetzt.

Die Härte des Balles unbedingt an die Schusskraft der Spieler anpassen!

» Die Spieler versuchen, durch gezielte Schüsse die Gegner in deren Innenfeld abzutreffen. Wird der Ball vor oder nach dem Treffer sicher gefangen, zählt der Treffer nicht. Der Treffer zählt ebenfalls nicht, wenn der Ball zuvor den Boden berührt hat. Wird die Spielfeldgrenze übertreten, um dem Abtreffen zu entgehen, gilt das als Treffer. Wenn ein ballbesitzender Spieler die Spielfeldgrenze übertritt, wechselt der Ballbesitz. Der Ball darf nicht aus dem gegnerischen Feld genommen werden. Es können nur Spieler im Innenfeld abgetroffen werden! Abgetroffene Spieler gehen in ihr Außenfeld. Sie können sich durch Abtreffen eines gegnerischen Spielers erlösen und wieder ins Innenfeld zurückkehren.

Die Variation ohne Erlösen ist nicht zu empfehlen! Es sind dabei zu viele Kinder passiv!

» Der König hat zu Beginn 3 Punkte. Er kann dann, wenn sein Außenfeld besetzt ist, jederzeit in sein Innenfeld gehen. Wenn sich kein Mitspieler mehr in seinem Innenfeld befindet, muss der König ins Innenfeld. Das Spiel ist beendet, wenn der König 0 Punkte hat.

Variationen:

- Ball aus der Hand auftickεn lassen und dann schießen
- in der Halle in jedes Innenfeld einen Kasten stellen (Schutz vor Treffern)

Ballspielvarianten:

- mit links/rechts schießen
- abwerfen
- nach Zuwurf schießen

PRAXIS
DREI-FELDER-BALL

» Spielbeschreibung

Ziel ist es, die gegnerischen Innenspieler durch gezielte Schüsse vom Boden aus abzutreffen.

Schwerpunkt: ***Schießen, Passen, Raumaufteilung, Wahrnehmung***

» Es werden 3 Mannschaften gebildet. Die Spieler der Mannschaft im inneren Feld müssen von den beiden Mannschaften im äußeren Feld abgetroffen werden.

Härte des Balles unbedingt an die Schusskraft der Spieler anpassen!

» Es werden drei Felder gebildet. Das innere Feld muss an die Schusskraft der Spieler angepasst werden. Je fester die Kinder schießen, desto größer wird das innere Feld aufgebaut. Die 3 Mannschaften gehen in jeweils ein Feld. Jede Mannschaft spielt einmal im inneren Feld. Die Felder werden nach einer festgelegten Zeit gewechselt.

Wird der Ball vor oder nach dem Treffer sicher gefangen, zählt der Treffer nicht. Der gefangene Ball wird nach außen gerollt. Das Übertreten der Spielfeldgrenzen, um dem Abtreffen zu entgehen, gilt als ein Treffer. Ein Treffer zählt nur, wenn der Ball zuvor nicht den Boden im inneren Feld berührt hat. Es wird gezählt, wie oft eine Mannschaft ein Kind im inneren Feld trifft. Die Mannschaft mit den meisten Treffern gewinnt das Spiel. Abgetroffene Kinder spielen weiter mit.

» Es zählen nur Treffer bis Bauchhöhe (Kopftreffer können Angst erzeugen und den Spaß verderben)

Abgeworfene Kinder spielen weiter.
Spielt der Trainer in der Mitte, steigert es den Spaßfaktor ungemein!

Variationen:

» Ball aus der Hand/vom Boden schießen
» Spielfeldgröße an die Schusskraft der Angreifer anpassen
» für jeden sicher gefallenen Ball gibt es einen Zusatzpunkt

Ballspielvarianten:

» Schuss nach Zuwurf
» Zuspiele durch Prellen
» Zuspiele durch „Einwürfe"

PRAXIS
TREIBBALL

»Spielbeschreibung

Ziel ist es, den Treibball mit Schüssen über die gegnerische Startlinie zu treiben.

Schwerpunkt: ***Schießen, Passen, Timing***

»Es werden zwei Mannschaften gebildet. Zu Spielbeginn stehen sich beide Mannschaften hinter einer Startlinie gegenüber. Jeder Spieler hat einen Ball am Fuß. Nach dem Startzeichen schießen beide Mannschaften so gegen einen in der Mitte liegenden Ball, dass er über die gegnerische Startlinie getrieben wird. Nach Spielbeginn dürfen die Spieler ins Spielfeld laufen und alle im Spielfeld liegenden Bälle benutzen – aber jeweils nur einen Ball. Das Sammeln von Munition ist nicht erlaubt! Man darf den Treibball nicht mit dem Fuß oder einem anderen Körperteil berühren. Dieser Regelverstoß führt zum Neustart des Spiels und zu **1 Punkt** für die gegnerische Mannschaft. Verlässt der Treibball das Spielfeld, wird er vom Trainer an dieser Stelle eingerollt. Bälle, die das Spielfeld verlassen, dürfen wieder ins Spielfeld zurückgeholt werden, aber nicht von außerhalb geschossen werden.

Der Abstand der beiden Startlinien zueinander hängt von der Schusskraft der Spieler ab. Bei Fußballanfängern empfiehlt es sich, nach jeder Schussserie eine kurze Pause zu machen, um die Bälle zu holen. Dadurch wird kein Kind im Spielfeld von fliegenden Bällen getroffen.

Bei älteren Kindern darauf hinweisen, dass ein fester Pass mit der Innenseite genauer trifft.

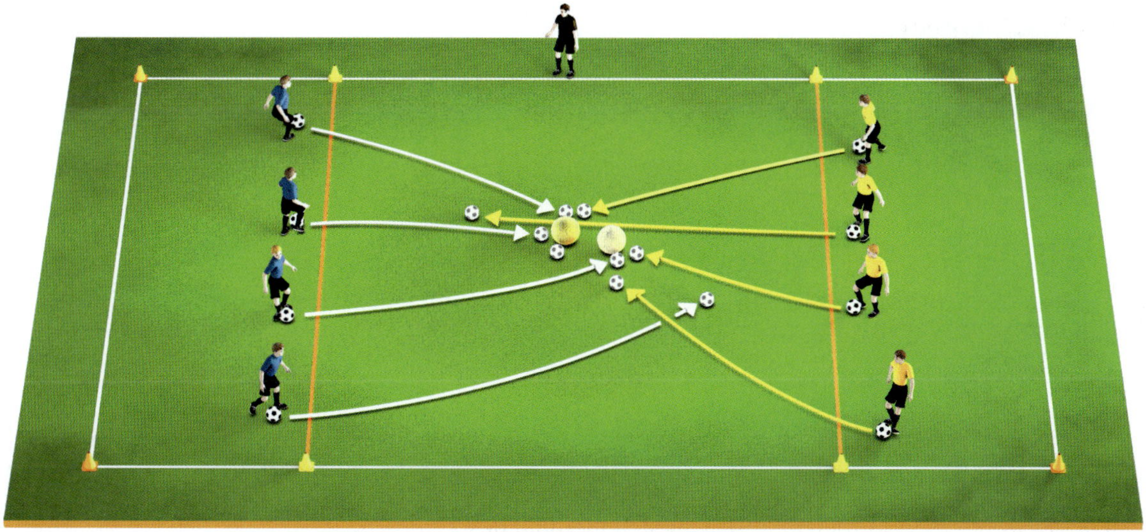

Variationen:
- Art des Treibballs - großer/kleiner Medizinball, Pezziball
- Art des Spielballs - Gummiball, Plastikball, Fußball
- Abstand der Ziellinien und Spielfeldgrößen verändern

Ballspielvarianten:
- mit der Hacke spielen
- Spielbälle werfen
- nach einem Zuspiel schießen

Notizen:
- ______________________
- ______________________
- ______________________
- ______________________

PRAXIS
FEUER, WASSER, STURM

»Spielbeschreibung

»Alle Kinder dribbeln mit ihrem Ball im Spielfeld durcheinander. Alle Kinder sind in Bewegung. Der Spielleiter gibt abwechselnd Kommandos:

Kommando: **Feuer!**

»Alle Spieler flüchten durch einen Notausgang – je ein Tor in den vier Ecken des Spielfeldes. Wer sich bei Drei nicht in Sicherheit gebracht hat, muss einmal aussetzen. (Zähltempo so an die Gruppe anpassen, dass möglichst wenige Kinder aussetzen müssen.)

Kommando: **Wasser!**

»Alle Spieler flüchten in vier Rettungsboote – in der Halle vier Matten, die im Feld verteilt sind, auf dem Sportplatz vier kleine Hütchenfelder. Wer sich bei Drei nicht im Rettungsboot befindet, ist ertrunken und muss einmal aussetzen.

Kommando: **Sturm!**

»Alle Spieler legen sich flach mit dem Bauch auf den Ball, damit sie nicht weggeweht werden. Wer sich bei Drei nicht geschützt hat, muss einmal aussetzen.

» Um Langeweile zu verhindern und den Spaß zu erhöhen, kann der Spielleiter auch nicht vereinbarte Kommandos geben: z.B. B A Y E R N M Ü N C H E N (oder ein anderer Lieblingsgegner in der Region).

» Wer bei diesem Kommando eine Reaktion zeigt und nicht weiterdribbelt, muss einmal aussetzen.

Variationen:

» Optische Zeichen (Hütchenfarben)

» die Aufgaben bei den Kommandos verändern

» ein Kind darf die Kommandos geben

Ballspielvarianten:

» mit der rechten/linken Hand prellen

» Ball mit den Händen um die Hüfte kreisen

» Ball hochwerfen, 180° Drehung, Ball fangen

PRAXIS
BALLDIEB

»Spielbeschreibung

»Alle Spieler stehen mit ihrem Ball am Fuß auf der Startlinie. Auf der gegenüberliegenden Ziellinie steht ein Balldieb.

»Der **Balldieb** startet das Spiel mit dem Ruf:	**„Wer hat Angst vorm Balldieb?“**
»Die **Spieler** antworten:	**„Niemand!“**
»Der **Balldieb**:	**„Und wenn er kommt?“**
»Die **Spieler**:	**„Dann laufen wir!“**

»Die Spieler versuchen, den Ball sicher über die Ziellinie zu dribbeln. Er darf dabei nicht über die Ziellinie geschossen werden. Der Balldieb versucht, möglichst viele Bälle zu erobern und sie aus dem Feld zu schießen oder zu werfen.

Spieler, deren Ball gestohlen wurde, werden **sofort** zu Helfern des Balldiebs. Auch Spieler, die das Spielfeld verlassen, werden zu Balldieben. Im Zweifelsfall entscheiden die Balldiebe, ob jemand erwischt wurde. (99,9 % der Kinder sind ehrlich!)

Wenn alle Spieler hinter der Ziellinie in Sicherheit sind, geht das Spiel in umgekehrter Richtung weiter. Je größer die Bande der Balldiebe wird, umso mehr können sie sich taktisch abstimmen.

Der letzte gefangene Spieler beginnt als Balldieb das nächste Spiel.

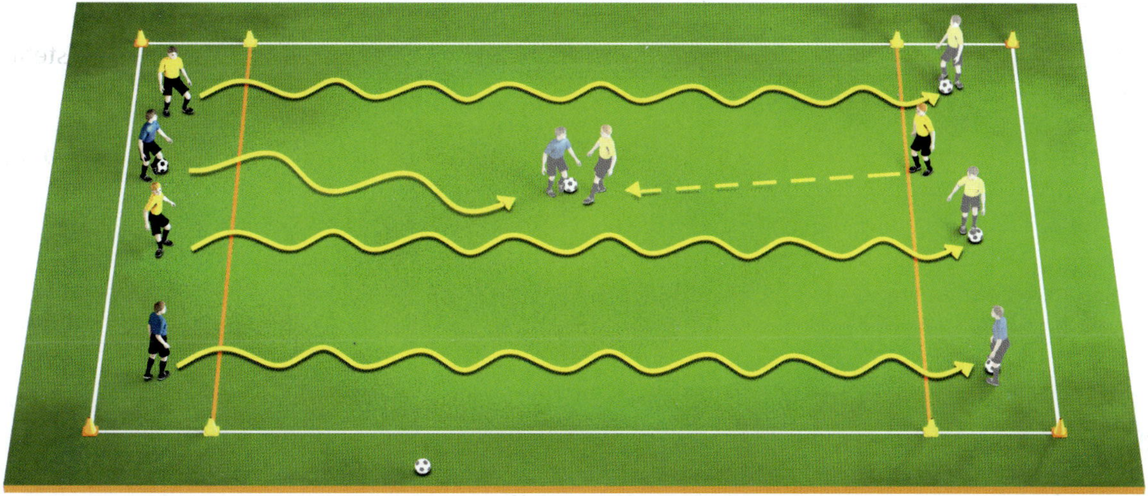

Variationen:
» Länge vom Dribbelweg
» Breite vom Spielfeld
» der Trainer zählt einen Zeitcountdown

Ballspielvarianten:
» mit beiden Händen prellen
» zwei Bälle tragen
» einen Ball tragen, einen Ball dribbeln

Notizen:
» ____________________
» ____________________
» ____________________
» ____________________

PRAXIS
GRENZBALL

» Spielbeschreibung

Ziel ist es, den Ball über die gegnerische Torlinie zu schießen.

Schwerpunkt: ***Passen, Schießen, Raumaufteilung***

» Zwei Mannschaften stehen zu Beginn auf ihrer Torlinie. Ein Spieler führt den Anstoß aus. Dann dürfen alle Spieler ins Feld laufen. Der Spieler der verteidigenden Mannschaft, der den Ball zuerst berührt, darf an dieser Stelle den Ball in Richtung gegnerische Torlinie schießen. Angreifer dürfen nicht ihren eigenen Angriffsball berühren oder einen Abwehrspieler behindern. Dies führt an der Stelle des Vergehens zu einem Freistoß. Geht der Ball nach der ersten Berührung ins Seitenaus, bekommt die angreifende Mannschaft einen Freistoß an dieser Stelle.

Im Spielfeld muss die verteidigende Mannschaft einen Sicherheitsabstand von 3 - 5m einhalten. Bei Verstößen wird der Schuss wiederholt.

Ziel des Spiels ist es, den Ball über die gegnerische Torlinie zu schießen. Dabei darf der Ball nicht höher als die Reichhöhe der Abwehrspieler geschossen werden. Als Treffer zählt jedes Überqueren der Torlinie, auch wenn der Ball vorher von einem Abwehrspieler berührt wurde.

Nach Torerzielung gehen die erfolgreichen Angreifer auf ihre Torlinie zurück und die Abwehrspieler beginnen das Spiel wieder von ihrer Torlinie aus.
Das Spiel endet bei Erreichen einer vorher festgelegten Trefferzahl.

Variationen:

- der Trainer zählt einen Countdown für jeden Schuss
- einen Football verwenden
- Hindernisse im Spielfeld platzieren

Ballspielvarianten:

- unterschiedliches Ballmaterial forder die Kinder heraus und macht Spaß

Notizen:

- __________
- __________
- __________
- __________

PRAXIS
LEIBCHENFANGEN

»Spielbeschreibung

»Jeder Spieler steckt sich vor Beginn des Spiels ein Leibchen an der Seite so in die Hose, dass es für die Gegner erreichbar ist.

Die Spieler führen den Ball in einem abgegrenzten Feld eng am Fuß. Auf das Startzeichen hin versucht jeder, so viele Leibchen zu fangen wie er kann. Auch Spieler, die zwischenzeitlich kein Leibchen haben, dürfen weiterspielen. Die „Beute" muss auch in die Hose gesteckt werden.

Wer einen Leibchen unerreichbar in der Hose versteckt oder seinen Gegner mit Händen oder Armen behindert, scheidet bei diesem Durchgang mit 0 Punkten aus.

Fangen darf man nur, wenn der Ball eng am Fuß ist!

»Nach vorher festgelegter Zeit endet das Spiel – jeder Leibchen zählt einen Punkt.

Das Spiel ist leichter, wenn man einen oder zwei Fänger bestimmt, die versuchen, möglichst viele Leibchen zu ergattern. Die Fänger bringen die Leibchen zum Trainer. Hier kann das Kind seins wieder abholen und weiter mitspielen. Die Spielzeit beträgt max. 2 Minuten.

Der Trainer zählt die Punkte mit!
Können die nächsten Fänger den Rekord einstellen?

Variationen:

» zwei Teams bilden
» Feldgröße verändern und Hindernisse platzieren
» ohne Bälle als Laufspiel

Ballspielvarianten:

» unterschiedliche Bälle verwenden
» Bälle in der Hand halten
» Bälle im Laufen prellen

Notizen:

» ______________________
» ______________________
» ______________________
» ______________________

PRAXIS
NUMMERNWETTDRIBBELN

» Spielbeschreibung

Ziel ist es, als Erster wieder beim Team zu sein.

Schwerpunkt: ***Dribbling, Bewegungsgeschicklichkeit, Ballgeschicklichkeit***

» Es werden Gruppen eingeteilt. In den Gruppen wird durchgezählt. Jeder Spieler merkt sich seine Zahl. Wenn der Spielleiter eine Zahl ruft, dribbeln alle Spieler mit dieser Zahl um ein Hütchen herum und zurück durch ein Zieltor. Wer zuerst durch sein Zieltor dribbelt (Ball und Spieler), erhält für seine Mannschaft einen Punkt.

Startet ein Spieler mit „falscher" Nummer, wird die Mannschaft mit einem Minuspunkt bestraft. Um die Aufmerksamkeit zu erhöhen, kann der Spielleiter auch 2x die gleiche Nummer rufen oder eine Nummer wählen, die es gar nicht gibt.

Es gilt zu beachten

» Der Spielleiter muss die Belastbarkeit der Spieler genau beobachten und danach Spieldauer, Länge der Laufwege und die Reihenfolge der Spieler einstellen!

» Wir haben bewusst auf eine mögliche **Einzelwertung** verzichtet, weil Fußball in erster Linie ein **Mannschaftssport** sein soll.

» **Diskriminierung einzelner Spieler verhindern!**

» Die Mannschaft mit der höchsten Punktzahl ist der Sieger.

Variationen:

» Laufwege verändern (Slalom)
» Rückweg mit Spezialaufgaben (z.B. Ball prellen)
» "24" rufen, es sind 2 und 4 gleichzeitig dran

Ballspielvarianten:

» rückwärts mit der Fußsohle mitziehen
» vom Mittelhütchen aus zurück werfen
» den Ball zwischen den Innenseiten pendeln lassen

Notizen:

» ______________________________

» ______________________________

PRAXIS
GASSEN-PASSEN

»Spielbeschreibung

Ziel ist es, zum Mitspieler zu passen.

Schwerpunkt: ***Passen, Timing, Wahrnehmung***

»Zwei Mannschaften bilden eine Gasse. Jeder Spieler hat einen Ball. Der erste Spieler von Mannschaft A (mit Ball) und der letzte Spieler der Mannschaft B (ohne Ball) passen sich den Ball durch diese Gasse zu. Die Gassenspieler versuchen, dies durch Abschießen des Balles zu verhindern.

Bei einem erfolgreichen Pass bekommen beide Spieler einen Punkt.

Im Anschluss versucht Spieler B, einen Pass zu Spieler A zu spielen. Dabei versuchen die anderen ebenfalls, den gespielten Ball abzuschießen. Gelingt das Zuspiel, erhalten beide einen Punkt. Nach den Pässen stellen sich beide Spieler mit Ball hinten an ihrer Mannschaft an.

Die nächsten Spieler (einer A, einer B) dürfen ihr Glück versuchen.

Es gilt zu beachten

»Bei diesem Spiel ist **unbedingt** ein Probedurchgang erforderlich, um die Gassenbreite und Passweglänge an die Spielfähigkeit der Gruppe anzupassen.

»Erfolg macht Spaß – nur erfolgreiche Versuche sind langweilig!

» Wer am Schluss die meisten Punkte hat gewinnt das Spiel.

Variationen:

» Länge der Gasse
» Breite der Gasse
» Abstand der Schützen

Ballspielvarianten:

» Druckpass mit dem Spann
» aus der Hand rollen
» den Ball mit links/rechts spielen

Notizen:

» ____________________

» ____________________

PRAXIS
KEGELN

»Spielbeschreibung

Ziel ist es, die Bälle aus dem Feld zu schießen.

Schwerpunkt: ***zielgenaues Passen, Druckpass mit dem Spann***

»Es liegen Bälle in einem kleinen Feld. Die eine Mannschaft schießt nacheinander, von einem Freistoßpunkt, möglichst viele Bälle aus diesem Feld.

Die andere Mannschaft dribbelt die abgeschossenen Bälle nach jedem Versuch in das Feld zurück. Wenn alle Spieler der ersten Mannschaft einen Versuch hatten, wechseln die Mannschaften ihre Aufgaben.

Teamwertung!

»Man kann wie beim Kegeln mit 9 Bällen im Feld spielen. Jede andere Anzahl ist aber auch möglich.

Bei großen Teams doppelt aufbauen!

Hallentipp

»Hütchen rutschen häufig leicht über den Hallenboden. Mit Bällen und Hütchen als Ziel, wird der Spaß noch gesteigert!

Variationen:

» Abstand des Schützen zum Ziel
» Anzahl an Zielen (Bälle, Hütchen)
» unterschiedliche Bälle verwenden

Ballspielvarianten:

» mit rechts/links passen
» den rollenden Ball schießen
» nach einem Zuspiel in das Quadrat passen

Notizen:

» ____________________
» ____________________
» ____________________
» ____________________

PRAXIS
BÄLLE ABSCHIESSEN

»Spielbeschreibung

Ziel ist es, gezielt die Bälle in der Mitte zu treffen.

Schwerpunkt: ***zielgenaues Passen, Schießen, Timing***

»Zwei Mannschaften stehen hinter ihren Grundlinien. Jeder Spieler legt einen Ball vor sich auf die Grundlinie. Auf der Mittellinie liegen Bälle – sie müssen anders aussehen als die Spielbälle (z.B. Gymnastikbälle oder Medizinbälle). Man kann auch leichte Hütchen aufstellen.

Nach dem Startzeichen sollen die Bälle auf der Mittellinie so getroffen werden, dass sie in der gegnerischen Hälfte liegen bleiben.

Jeder Spieler hat pro Durchgang nur einen Schuss!

»Die getroffenen Bälle in der gegnerischen Hälfte werden als Pluspunkte gezählt.
Alle helfen mit, für den zweiten Durchgang die Bälle auf der Mittellinie zu platzieren!

Die Zahl der Durchgänge kann vorher festgelegt werden oder das Spiel endet bei Erreichen einer bestimmten Punktzahl.

Hallentipp

»Kästen im Feld erschweren das Treffen der Ziele!

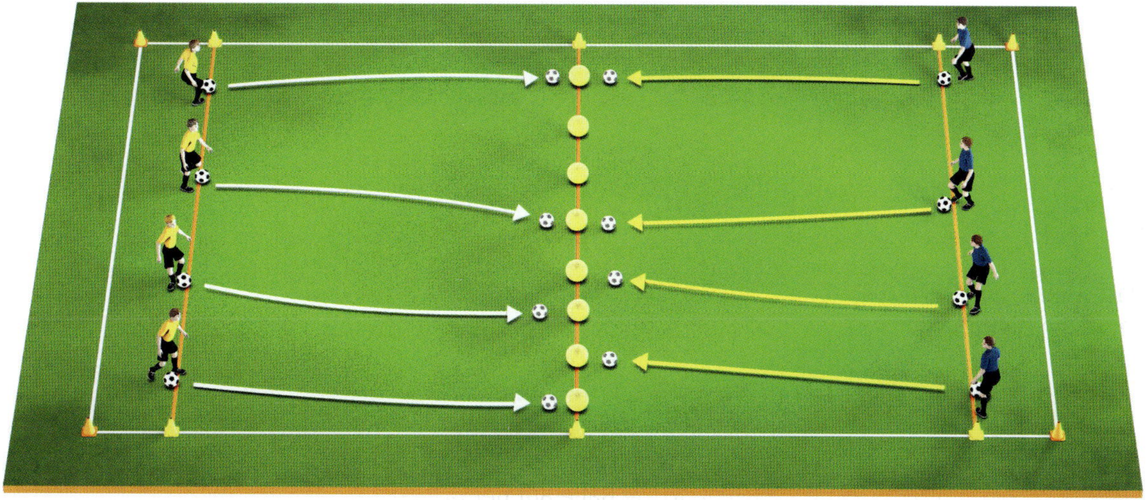

Variationen:
» Abstand zur Mittellinie
» unterschiedliche Bälle verwenden
» mit links/rechts schießen

Ballspielvarianten:
» mit der Hacke spielen
» aus der Hand rollen
» andribbeln und den rollenden Ball spielen

Notizen:
» ______________________________
» ______________________________
» ______________________________
» ______________________________

PRAXIS
BALLJAGD

» Spielbeschreibung

Ziel ist es, den gegnerischen Ball zu überholen.

Schwerpunkt: ***zielgenaues Passen***

» Zwei Mannschaften stehen in einem großen Kreis. Dabei wechselt sich immer ein Spieler der Mannschaft 1 mit einem Spieler der Mannschaft 2 ab. Jede Mannschaft hat einen Ball. Gestartet wird von gegenüberliegenden Positionen. Nach dem Startzeichen werden die Bälle im Uhrzeigersinn dem Mannschaftskollegen zugepasst. Ziel des Spiels ist es, den gegnerischen Ball zu überholen.

Wenn die Kinder die Spielidee verstanden haben, kann man das Spiel um zwei weitere Bälle erweitern. Dabei wird der neue Ball mit der Hand zugeworfen oder geprellt. Die Aufmerksamkeit und der Spaß der Kinder werden um ein Vielfaches gesteigert.

Bei ungerader Kinderzahl spielt der Trainer mit!
Gegnerische Bälle dürfen nicht berührt werden.

Variationen:

- Gassenaufstellung
- Abstände verändern
- mehrere Bälle im Spiel

Ballspielvarianten:

- einen Ball je Team werfen
- gleichzeitig einen Ball werfen, einen Ball passen
- einen dritten Ball zu prellen

Notizen:

- __________
- __________
- __________
- __________

PRAXIS
BURGBALL

»Spielbeschreibung

Ziel ist es, das Hütchen umzuschießen.

Schwerpunkt: ***Passen, Schießen***

»Die Spieler stellen sich im Kreis auf. Auf dem Mittelpunkt befindet sich die Burg (Hütchen), die von einem Burgwächter verteidigt werden muss. Die Kreisspieler passen sich den Ball schnell zu und versuchen, die Burg zu zerstören (treffen). Dabei müssen sie ihre Kreisposition (ungefähr) einhalten, damit der Kreis nicht zu klein wird.

Wird die Burg getroffen, wird sie schnell wieder aufgebaut. Während der „Bauphase" ruht das Spiel. Spielverzögerungen beim Aufbau der Burg, werden nachgespielt. Die Spielzeit beträgt jeweils 1 Minute.

Jeder Spieler ist einmal Burgwächter. Treffer werden als Minuspunkte gewertet.

Bei größeren Gruppen sollten mehrere Kreise gebildet werden.

Variationen:

» Abstände der Kreisspieler zur Burg
» mehrere Hütchen bilden die Burg
» Burgwächter darf nicht über die Burg springen

Ballspielvarianten:

» werfen mit links/rechts
» sich zuu prellen links/rechts
» sich zu werfen, auf die Burg köpfen

Notizen:

» ______________________
» ______________________

» ______________________
» ______________________

PRAXIS
KOPFBALLJAGD

» Spielbeschreibung

Ziel ist es, einen Gegner abzuköpfen.

Schwerpunkt: ***Zuspiele, Angriffskopfball, Timing, Handlungsschnelligkeit***

» Es werden 2 Mannschaften gebildet. Eine befindet sich im inneren Feld und muss den Bällen ausweichen. Die andere Mannschaft befindet sich außerhalb des äußeren Feldes. Ihre Aufgabe besteht darin, die Spieler innerhalb des Feldes abzuköpfen. Dazu werfen sie sich den Ball zu und bei einer passenden Gelegenheit köpfen sie auf die Spieler im Feld.

Wird ein Spieler vom Ball getroffen, erhält die äußere Mannschaft einen Punkt. Berührt der Ball vor dem Treffer den Boden, zählt dieser nicht. Fängt ein Spieler im Feld den Ball, zählt der Treffer ebenfalls nicht. Er rollt den Ball nach außen, das Spiel geht weiter.

Das Spiel kann gleichzeitig mit zwei Bällen gespielt werden. Dadurch wird das Spiel schneller und es gelingen mehr Treffer.

Erfolgserlebnisse motivieren und sorgen für Spielspaß!

» Nach 2 Minuten werden die Aufgaben und Positionen gewechselt. Nach 3 Wechseln gibt es eine Endwertung, dann hat jede Mannschaft zweimal im und außerhalb des Feldes gespielt.

Unbedingt leichte Bälle benutzen!

Variationen:

- Abstand Innen- zu Außenfeld
- Größe vom Innenfeld
- der Trainer zählt einen Zeitcountdown

Ballspielvarianten:

- mit rechts abspringen
- mit links abspringen
- selber vorlegen, hochwerfen und köpfen

Notizen:

- ____________________
- ____________________
- ____________________
- ____________________

PRAXIS
PAARFUSSBALL

» Spielbeschreibung

Ziel ist es, Tore zu schießen.

Schwerpunkt: ***Teambildung, gegenseitiges Coachen***

» Es werden zwei Mannschaften gebildet. In jeder Mannschaft bilden je zwei Spieler ein Team. Die beiden Spieler werden mit einem Leibchen am Arm zusammengebunden. Die Spieler gucken dabei in dieselbe Richtung.

Die beiden Mannschaften treten gegen einander an. Gespielt wird auf je 2 kleine Tore oder Hütchentore. Die Zweierteams dürfen den Ball nur spielen, wenn sie verbunden sind. Löst sich ihr Leibchen, müssen sie es erst wieder reparieren, bevor sie weiterspielen können.

Bei diesem Spiel geht es darum, sich gegenseitig abzustimmen und zu coachen. Wenn beide in entgegengesetzte Richtungen starten, werden sie keinen Ball bekommen.

Es empfiehlt sich, die Teams in der Halbzeit zu wechseln!

» Die Distanzzone zwischen den Spielern wird unterschritten. Für manche Kinder kann es ein komisches Gefühl sein, mit jemanden einen so engen Kontakt haben. Nehmen Sie darauf Rücksicht und achten genau auf ihre Spieler. Wenn es jemandem unangenehm ist, reagieren Sie darauf und zeigen Sie Verständnis. Es fährt auch nicht jeder gerne im Fahrstuhl.

» Es ist sinnvoll, wenn jede Mannschaft ein andersfarbiges Leibchen hat.

Variationen:

» Drei-Bein-Fußball: Die Beine werden zusammen gebunden

» Die Kinder halten sich an einer Hand

» Die Kinder halten sich an beiden Händen

Ballspielvarianten:

» Bälle zuwerfen

» Bälle nur mit dem zusammengebundenen Fuß spielen

» unterschiedliche Bälle verwenden

Notizen:

» ______________________

» ______________________

PRAXIS
AUTOSCOOTER

» Spielbeschreibung

Ziel ist es, Tore zu schießen.

Schwerpunkt: ***Teambildung, gegenseitiges Coachen und Helfen***

» Es werden zwei Mannschaften gebildet. In den Mannschaften finden sich die Kinder in Zweierteams zusammen. Einer darf das Auto sein. Er steht vor dem anderen Kind und hält seine Hände nach hinten. Der Zweite fasst ihn bei den Händen. Er versorgt das Auto mit Strom und lenkt den vorderen Spieler!

Nur das Auto – der vordere Spieler – darf den Ball spielen. Berührt der hintere Spieler den Ball, wird das Spiel gestoppt und die andere Mannschaft bekommt an diesem Punkt einen Freistoß. Wird die Verbindung zwischen dem Auto und Fahrer gelöst, ist der Strom abgeschaltet und der Ball darf nicht mehr gespielt werden.

In der Halbzeit werden die Aufgaben in den Teams getauscht.

Sie können das Spielfeld variieren. Spielen Sie auf unterschiedliche Tore, wie z. B. Linientore zum Dribbeln, mehrere kleine Hütchentore zum Passen oder 5m-Jugendtore für den perfekten Torschuss.

Sie können die Tore auch rund um das Feld anordnen. Das entwickelt zusätzlich die Spielintelligenz ihrer Kinder. Mehr dazu finden Sie in der **FUSSBALL FIBEL** **» Fußball lernen durch Fußball spielen «**!

Variationen:

- unterschiedliche Tore
- mehrere Bälle im Spiel
- Tore rund um das Feld verteilt

Ballspielvarianten:

- Dribbeltore
- Minitore
- Stangentore

Notizen:

- ________________
- ________________
- ________________
- ________________

PRAXIS
KISTENBALL

» Spielbeschreibung

Ziel ist es, die Kisten zu treffen.

Schwerpunkt: ***Dribbling, zielgenaues Passen***

» Es werden zwei Mannschaften gebildet. Eine Mannschaft verteilt in der Halle/dem Feld Kästen, auf denen die Spieler Platz nehmen. Ihre Aufgabe ist es, auf dem Kasten sitzend, mit den Füßen die Torschüsse zu verhindern. Dabei dürfen sie sich auf dem Kasten drehen, müssen aber immer Kontakt mit der Kastenoberfläche halten. Hochgespielte Bälle dürfen sie mit der Hand abwehren.

In der anderen Mannschaft hat jedes Kind einen Ball. Sie sollen versuchen, innerhalb von einer Minute möglichst viele Treffer auf die Kästen zu erzielen. Dabei dürfen sie einen getroffenen Kasten erst wieder als Ziel nutzen, wenn sie zwischenzeitlich einen anderen Kasten getroffen haben. Die Treffer werden als Teamwertung zusammengezählt. Im Anschluss erhält die zuvor verteidigende Mannschaft die Möglichkeit, den aufgestellten Rekord zu knacken.

Es können auch 3 Mannschaften gebildet werden. Es verteidigt eine Mannschaft die Kästen und die 2 Weiteren versuchen, möglichst viele Treffer zu erzielen. Es müssen dann drei Durchgänge gespielt werden, damit jede Mannschaft einmal verteidigt. Die Punkte werden für jedes Team aus allen Durchgängen addiert.

Variationen:

- es darf nur mit links/rechts geschossen werden
- unterschiedliche Kisten/Kastenteile verwenden
- unterschiedliche Bälle verwenden

Ballspielvarianten:

- Ball prellen und auf die Kiste werfen
- **Tipp:**
  absprechen und zu zweit auf eine Kiste angreifen

Notizen:

» ____________________

» ____________________

» ____________________

» ____________________

PRAXIS
TORWAND SCHIESSEN

» Spielbeschreibung

Ziel ist es, durch die Ringe zu schießen.

Schwerpunkt: ***Schießen, Vollspannstoß, Innenspannstoß***

» Es werden ein oder mehrere Reifen mit einem Seil ins Tor gehängt. Je mehr Reifen man nimmt, umso höher ist die Erfolgsquote.

Die Spieler stellen sich mit Ball nebeneinander an einer Schusslinie auf. Die Entfernung von der Schusslinie zum Tor ist abhängig von der Schussstärke Ihrer Spieler. Es wird nacheinander geschossen. Jeder Treffer durch einen Reifen wird als Punkt gewertet.

» Wichtig: **Erst wenn der letzte Spieler geschossen hat, darf man seinen Ball zurückholen!**

» Schüsse z.B. an den Hinterkopf, können den Kindern die Lust am Fußballspiel nehmen.

Die Schüsse können als Teamwettbewerb gezählt werden. Der Trainer gibt eine Zahl an möglichen Treffern vor. Die Kinder versuchen, mehr Punkte zu erzielen. Wenn sie es schaffen, macht der Trainer eine zuvor angekündigte Extraaufgabe (z.B. Liegestütz, rennt einmal um das Tor, macht einen Purzelbaum etc.).

Variationen:

- seitlich vom Tor schießen
- schwierige Reifenpositionen (z.B. Winkel)
- unterschiedliches Ballmaterial einsetzen

Ballspielvarianten:

- mit rechts/links schießen
- den rollenden Ball schießen
- aus dem Dribbling schießen

Notizen:

» ______________________________

» ______________________________

» ______________________________

» ______________________________

PRAXIS
STRAFSTOSSSPIEL

»Spielbeschreibung

Ziel ist es, Tore zu schießen.

Schwerpunkt: ***genaues und platziertes Schießen***

»Vor Spielbeginn wird ein Torwart bestimmt oder ausgelost. Er bekommt 1 oder 2 Punkte mehr als die übrigen Spieler. Die Strafstoßschützen stellen sich hintereinander auf. Diese Reihenfolge darf nicht mehr verändert werden.

Bei einem erfolgreichen Strafstoß bekommt der Torwart einen Punkt abgezogen und bleibt im Tor.
Ist der Strafstoß nicht erfolgreich, stellt sich der Torwart hinten an die Reihe der Schützen an. Der Spieler, der den Strafstoß verschossen hat, wird Torwart.

Hat ein Torwart 0 Punkte, scheidet er aus und der letzte Schütze geht ins Tor.

Gruppengröße und Anzahl der Start-Punktzahl bestimmen die Dauer des Spiels und damit auch die Zeit des Wartens der ausgeschiedenen Spieler. Um ein langes Warten zu vermeiden, spielen sie in zwei Gruppen auf zwei Tore.

Als Trainer können Sie mitspielen, sollten aber nicht jederzeit ihre Überlegenheit demonstrieren. Gönnen Sie den Kindern den Sieg!

Bei vielen Kindern nehmen Sie ein zweites Tor und halbieren die Gruppe!

Variationen:

- als Abschlussspiel der Trainingseinheit spielen
- Abstand zum Tor verändern
- Winkel zum Tor verändern, schräg schießen

Ballspielvarianten:

- mit rechts/links schießen
- den Ball hochwerfen und beim Auftreffen schießen
- den Ball hochwerfen und aus der Luft schießen

Notizen:

- ______________________
- ______________________
- ______________________
- ______________________

PRAXIS
TURMBALL

» Spielbeschreibung

Ziel ist es, den Spieler im Quadrat anzuspielen.

Schwerpunkt: ***passen, Zusammenspiel***

» In einem Kreis oder kleinem abgegrenzten Torfeld steht auf jeder Seite des Spielfeldes ein Torwart. Das Torfeld sollte etwa 3m vor dem Spielfeldende liegen, damit auch hinter dem Tor weitergespielt werden kann.

Der Torwart darf das Torfeld nicht verlassen.

» Die beiden Mannschaften treten gegeneinander an. Jeder versucht, den Ball seinem Torwart zuzuspielen. Gelingt dies, erhält die Mannschaft einen Punkt und der Torwart eröffnet wieder das Spiel. Das Spiel kann mit zwei Bällen gespielt werden. Das Spiel wird schneller und die Spieler teilen sich auf.

Es fallen mehr Tore. Die Kinder haben mehr Erfolgserlebnisse.

» Eine weitere Möglichkeit ist, das Spiel mit 3 Mannschaften zu spielen. Dabei sollten zwei Bälle im Spiel sein, sonst sind die Verteidiger immer in Überzahl.

Hallentipp:

» Als abgegrenztes Torfeld kann in der Sporthalle auch eine Matte genutzt werden.

Variationen:

- Mit drei Teams spielen
- zwei Bälle verwenden
- unterschiedliche Bälle einsetzen

Ballspielvarianten:

- den Ball mit den Händen spielen
- zum „Torspieler" köpfen
- mit einem Ball Fußball, mit dem anderen Handball spielen

Notizen:

» ______________________
» ______________________
» ______________________
» ______________________

PRAXIS
HACKENFUSSBALL

» Spielbeschreibung

Ziel ist es, ein Tor zu schießen.

Schwerpunkt: ***Freilaufen und anbieten, Torschuß***

» Es werden zwei Mannschaften gebildet und es wird auf zwei Tore gespielt. Der Ball darf wie gewohnt angenommen und geführt werden.

Abspielen oder Schießen darf man aber nur mit der Hacke!

» Erreicht ein Ball, der nicht mit der Hacke gespielt wurde, einen Mitspieler, gibt es an der Stelle der Ballannahme einen Freistoß für die gegnerische Mannschaft.

Verlässt der Ball das Spielfeld seitlich, gibt es einen Einstoß. Überquert der Ball die Torlinie, gibt es Tor, Abstoß oder Eckstoß.

Damit die Kinder möglichst viele Ballkontakte sammeln, sollten maximal 4 Spieler je Team auf dem Feld sein. Als Trainer können Sie ein zweites Spielfeld aufbauen.

Variationen:

» auf vier Tore spielen
» auf Dribbeltore spielen
» mit einem neutralen Überzahlspieler

Ballspielvarianten:

» der Ball wird hinter dem Standbein gespielt
» Handball/Fußball, der Ballführende entscheidet
» Tore dürfen nur mit dem Kopf erzielt werden

Notizen:

» ______________________________
» ______________________________
» ______________________________
» ______________________________

PRAXIS
KREBSFUSSBALL

» Spielbeschreibung

Ziel ist es, Tore zu schießen.

Schwerpunkt: ***Spielerische Kräftigung***

» Gespielt wird auf zwei Tore oder Torlinien. Die Spieler bewegen sich nur im Liegestütz rücklings (Krebsgang). Der Ball darf nur mit dem Fuß oder als Kopfball gespielt werden.

Aktives Spielen mit dem Arm, der Hand oder dem Körper wird mit einem Freistoß geahndet.

Unabsichtliches, passives Berühren des Balles mit Arm, Hand oder Körper bleibt ungeahndet.

» Abhängig von der körperlichen Verfassung der Spieler sollte man mehrere kleine Spielpausen einlegen. In diesen Pausen dürfen die Spieler aufstehen, sich erholen und auch eine neue Spielfeldposition einnehmen.

Krebsfußball ist anstrengend und macht nur mit Ballkontakten Spaß. In kleinen Mannschaften hat jeder die Chance, den Ball zu bekommen. Bauen Sie auch hier mehrere Spielfelder auf. Ein Torwart ist nicht nötig.

Spielen Sie als Trainer mit. Das erhöht den Spielspaß der Kinder!

Variationen:

» Im Liegestütz bewegen
» seitlich auf dem Arm gestützt
» mehrere Bälle im Spiel

Ballspielvarianten:

» mit einer Hand zu werfen
» zwei Bälle, einer mit der Hand, der andere mit dem Fuß
» den Ball rollen

Notizen:

» ______
» ______
» ______
» ______

PRAXIS
VERBOTENES SPIEL

» Spielbeschreibung

Ziel ist es, den Kasten oder die Hütchen zu treffen.

Schwerpunkt: ***Zusammenspiel, Torschuß***

» Die zwei Mannschaften spielen gegeneinander auf größere Kästen. Ziel ist es, den Kasten abzuschießen (2 Punkte) oder Hütchen vom Kasten zu werfen (je Hütchen 1 Punkt). Um den Kasten befindet sich ein Strafraum, der nicht betreten werden darf.

Der ballführende Spieler entscheidet, ob er den Ball mit dem Fuß dribbelt oder mit der Hand prellt. Erzielt er einen Treffer, wird das Spiel dort fortgesetzt, wo der Ball hinfliegt. Erhält seine Mannschaft den Ball, kann sie sofort einen weiteren Punkt erzielen.

Der Trainer zählt die erzielten Punkte laut mit!

» Die Hütchen stellt immer die angreifende Mannschaft wieder auf. Dabei darf sie in den Strafraum gehen. Wenn die Kinder das Spiel verstanden haben, kann die Anzahl der Bälle erhöht werden. Der Trainer muss nun genau aufpassen, wie viele Tore erzielt werden.

Es gilt zu beachten

- » Das Spiel ist sehr anstrengend, da es kaum Pausen gibt.
- » **Spielen Sie lieber mehrere kurze Halbzeiten (drei Minuten).**

Variationen:
» Mehr Bälle
» Unterschiedliche Bälle
» Kleinere Wurfziele

Ballspielvarianten:
» Mehr Bälle
» Unterschiedliche Bälle
» Kleinere Wurfziele

Notizen:
» ______________________
» ______________________
» ______________________
» ______________________

PRAXIS
HUND UND KATZE

» Spielbeschreibung

Ziel ist es, ein Tor zu schießen.

Schwerpunkt: ***Passen, Schießen, Orientierung***

» Es werden zwei Mannschaften gebildet. Die Spieler einer Mannschaft sind die Hunde, die anderen sind die Katzen. Die Mannschaften verständigen sich nur durch die entsprechenden Tierlaute „Wau" und „Miau".

Im Spielfeld befinden sich ein oder mehrere **Zauberer**. Sie können durch Berühren die Spieler in das jeweils andere Tier verwandeln. Dadurch ergeben sich immer wieder neue Mannschaften und überraschende Spielsituationen.

Die Torhüter können nicht verwandelt werden, sie bleiben immer in ihrem Team.

Variationen:

- bei zwei Zauberern ist jeder für eine Tiermannschaft zuständig
- andere Tierlaute (z.B. Elefant)
- Eltern spielen gegen Kinder

Ballspielvarianten:

- unter Bänken durchpassen
- mit mehreren Bällen spielen
- mit unterschiedlichen Bällen spielen

Notizen:

» ______________________________
» ______________________________
» ______________________________
» ______________________________

PRAXIS
BLINDENFUSSBALL

» Spielbeschreibung

Ziel ist es, den Ball durch ein Hütchentor zu spielen.

Schwerpunkt: ***Teambildung, Vertrauen***

» Es wird in zwei Mannschaften gespielt. In beiden Mannschaften werden Zweierteams gebildet. Einem Spieler werden die Augen verbunden. Der sehende Spieler ist sein Helfer. Nur der Blinde darf später den Ball spielen. Durch ein Tippen auf die Schulter zeigt der Helfer, in welche Richtung der Blinde gehen soll. Wenn er stehen bleiben soll, tippt er gleichzeitig auf beide Schultern. Ist der Ball in Reichweite, kann er auch über gesprochene Kommandos steuern.

Der Blinde darf den Ball nur mit der Innenseite spielen.

Langsames und vorsichtiges Steuern erzeugt Vertrauen!

» Als Spielball empfiehlt sich ein Soft- oder Stoffball. Es sollten nicht mehr als je 4 zweierteams pro Mannschaft auf dem Feld sein. Nach 2 Minuten wechseln Helfer und Blinder ihre Aufgaben. Fragen Sie die Spieler in der Halbzeit und am Ende nach ihren Erfahrungen und wie sie sich gefühlt haben. Es ist für Kinder eine neue Erfahrung, sich auf einen gleichaltrigen Menschen zu verlassen.

Unvorsichtige Helfer auf Ihre Verantwortung ansprechen!

Variationen:

» mit einer Augenklappe spielen
» Mitspieler an eine Hand nehmen
» mit zwei Softbällen spielen

Notizen:

» ______________________ » ______________________
» ______________________ » ______________________

LITERATUR VERZEICHNIS

Balster, Klaus:	Individuelle Förderung von Kindern im Sport. *Eine praktische Arbeitshilfe für das Handeln im Sportverein und bei Kooperationen mit Kindertagesstätten und Schulen.* Landessportbund NRW e. V. , Duisburg 2008.
Brüggemann, Detlef:	Kinder- und Jugendtraining. Fußball-Handbuch 2. Schorndorf: Hofmann 1999.
Delfos, Martine F.:	„Wie meinst Du das?". *Gesprächsführung mit Jugendlichen.* Beltz, Weinheim 2009.
Delfos, Martine F.:	„Sag mir mal...". *Gesprächsführung mit Kindern.* Beltz, Weinheim 2011.
Deutscher Fußball-Bund (o.J.):	Teamwork für Talente. DFB-Talentförderprogramm: Info-Abende für Vereinstrainer. Münster: Philippka-Sportverlag. Broschüren 1-17 online verfügbar unter: http://talente.dfb.de/index.php?id=518941 [02.04.2012].
Deutscher Fußball-Bund (Hrsg.):	Fussball von morgen Band 1. *Kinderfußball.* Phillipka-Sportverlag, Münster 2005.
Filker, Claudia:	Kinder spielen für ihr Leben gern. *Wie Ihr Kind beim Spielen alles lernt, was es braucht.* Oncken, Wuppertal 2001.
Grübler, Erika und Dr. Hugo:	Kleine Spiele. Volkseigener Verlag, Berlin 1976.
Schiller, Friedrich (Autor), Bergholm, Klaus L. (Hrsg.):	Über die ästhetische Erziehung des Menschen" In einer Reihe von Briefen. Reclam, Stuttgard 2008 (Erstausgabe Tübingen 1795).
Huizinga, Johann (Autor), Flitner, Andreas (Hrsg.):	*Homo ludens. Vom Ursprung der Kultur im Spiel* („Homo ludens", 1939). Rowohlt Verlag, Reinbek 2009.
Krenz, Armin (Autor), Textor, Martin R. (Hrsg.):	Kinder spielen sich ins Leben - Der Zusammenhang von Spiel- und Schulfähigkeit http://www.kindergartenpaedagogik.de/418.html [05.11.2013].